七十七銀行
楽天Edy
日本生命
野村ホールディングス

70

お金にかかわる会社

職場体験完全ガイド 会社員編 もくじ ....

＊本書掲載の内容は2020年3月末現在のものです。

この本で紹介している企業の「SDGsトピックス」について

●わたしたちが地球にくらしつづけるために、企業としてできること

SDGsは2015年に国連で採択された、「持続可能な開発」のための国際社会共通の目標です。「持続可能な開発」とは、未来の世代がこまることのないように、環境をまもりながら現在の世代の要求を満たしていくことです。2016年から2030年の15年間で、17の目標の達成をめざすことが決められました。採択には日本をふくむ150以上の国連加盟国の首脳が参加しました。

SDGsは世界共通のものさしであり、国、組織、企業、学校、個人などそれぞれの立場で目標に取りくむことが可能です。企業には、その社会における責任をはたすために、技術や知恵、資金をいかして課題の解決に取りくむことが期待されています。とりくみを進めることで企業価値が高まり、新たな事業が生まれるという利点もあります。

この本では、環境保護や社会貢献活動といったサステナビリティ（持続可能性）を重視する企業を取材し、その企業がとくに力を入れているとりくみや、みなさんに知ってほしいトピックスを選んで紹介しています。

SDGsの17の目標

SUSTAINABLE DEVELOPMENT GOALS

目標1
貧困をなくそう

目標2
飢餓をゼロに

目標3
すべての人に健康と福祉を

目標4
質の高い教育をみんなに

目標5
ジェンダー平等を実現しよう

目標6
安全な水とトイレを世界中に

目標7
エネルギーをみんなにそしてクリーンに

目標8
働きがいも経済成長も

目標9
産業と技術革新の基盤をつくろう

目標10
人や国の不平等をなくそう

目標11
住み続けられるまちづくりを

目標12
つくる責任つかう責任

目標13
気候変動に具体的な対策を

目標14
海の豊かさを守ろう

目標15
陸の豊かさも守ろう

目標16
平和と公正をすべての人に

目標17
パートナーシップで目標を達成しよう

七十七銀行

八本松支店 支店長

阿久津康子さんの仕事

宮城県仙台市に本社がある七十七銀行は、東北地方を中心に140以上の営業店を運営する銀行です。その設立には、実業家の渋沢栄一が大きくかかわりました。ここでは仙台市にある八本松支店の支店長、阿久津康子さんの仕事をみていきましょう。

七十七銀行

七十七銀行は、「銀行の発展は地域社会の繁栄とともに」という経営理念のもと、宮城県を中心とした東北地方に根ざした事業を行う地方銀行で、地域の人びとのための社会づくりに貢献しています。設立には、実業家の渋沢栄一が助言や出資をして、深くかかわりました。

株式会社七十七銀行
本社所在地 宮城県仙台市 **創業** 1878年 **従業員数** 2,897名（2019年9月30日現在）

渋沢栄一の精神が息づく銀行

七十七銀行は77番めにできた国立銀行[1]で、名前はそれに由来します。設立のときには、2024年から1万円札の図柄になる渋沢栄一が助言や出資、人材の派遣などの支援をしました。経営理念の「銀行の発展は地域社会の繁栄とともに」には、渋沢栄一の精神が息づいています。

東北地方に根ざした
銀行業務を行う

七十七銀行は、宮城県をはじめ東北地方に利用者が多く、地域の人びとのくらしや企業の経営をささえています。とくに本社のある宮城県では、すべての預金の約55パーセントが七十七銀行にあずけられています。預金は一時的に銀行の資金となり、ほかの業務に使われ、お金をあずけた人には利息がはらわれます。七十七銀行では、預金をおもに東北地方を中心とした個人や企業への融資[2]などに使っています。

▲本社の「金融資料館」に所蔵されている、渋沢栄一の図柄の「まぼろしの千円札」です。1963年に千円札の図柄の最終候補になりましたが、選ばれずにまぼろしとなりました。

◀地域で活躍しているスポーツチームのキャラクターが使われた預金通帳が人気です。

◀七十七銀行の公式キャラクター「シチシカくん」。お金や銀行のことをわかりやすく教えてくれます。

▶窓口では、相談におとずれたお客さまに親身になって、解決方法を考えます。

「地域のなんでも屋さん」をめざして
個人や企業をささえる

お金や経済に関する専門知識をいかし、地域の人たちがなんでも相談できる銀行をめざしています。たとえば、仙台市に家を建てたい、東北地方を拠点に新しい会社をつくりたいなどの相談や要望に対して、お客さまひとりひとりに合わせた提案を行っています。

*1 明治時代に国がつくった銀行で、最初の第一国立銀行（現在のみずほ銀行）は渋沢栄一がつくりました。
6 *2 人や企業に資金となるお金をかすことです。手数料として利息をもらい、かしたお金は定期的に返してもらいます。

地元の町や人を元気にする

少子高齢化や人口の減少などが問題となっているなかで、地域の課題解決に向けた支援や、地域の特徴をいかした経済の発展に貢献するとりくみを行っています。

たとえば、東日本大震災で被災した3軒のいちご農園が立ちあげた「山元いちご農園株式会社」に、融資や事業計画の提案などを行い、東北有数のいちごの産地復活に向けて支援しています。いちごがりの来場者数は、年間5万6,000人を突破し、山元町の重要な観光拠点に成長しました。

▼山元いちご農園が手がけるいちごがり用農園の様子。

▲本店にある「金融資料館」。東北地方や近隣の子どもたちが、修学旅行や遠足でおとずれます。

お金や経済の知識をはば広い世代に伝える

七十七銀行では、経済に関する知識の普及活動に力を入れています。小学生向けの業務体験ブースを設置したり、大学で銀行の社会的な役割についての講義を行ったりしています。また、七十七銀行の本社には、お金の歴史やその役割などを展示した「金融資料館」があります。経済のしくみを知ってもらう活動は、地域の経済発展を通じ、活気のある町づくりにつながっています。

七十七銀行の **SDGsトピックス»**

11 住み続けられる まちづくりを

地域行事に参加して 地域との交流を深める

七十七銀行は地域に根ざした銀行として、地域社会の繁栄に奉仕することを大切に、地域社会とともに生きる企業をめざしています。

そのための活動の一つとして、地域で行われる行事に、営業店の行員が積極的に参加し、地域との交流をはかっています。「仙台青葉まつり」では、約160名の行員が参加し、山鉾とよばれる山車を引き、演舞を披露したり、「仙台七夕まつり」では、祭りの会場となるアーケード内にある営業店に七夕かざりをかざったりするなど、地域の行事やイベントをもりあげています。

「仙台青葉まつり」では、この日のために練習をした行員たちが、「すずめ踊り」とよばれる演舞を披露し、観客から拍手をもらいました。

七十七銀行
八本松支店 支店長
阿久津康子さんの仕事

七十七銀行には、140以上の支店（営業店）があります。八本松支店の支店長としてはたらく阿久津さんは、目標を達成できるように支店の業績を上げる計画を立てて実行したり、銀行員（行員）ひとりひとりに目を配り、はたらきやすい職場環境を整えたりする仕事をしています。

業績を上げるための計画を立てる

■営業方針を立てて実践する

支店長の役割は、銀行全体の経営方針のもと、業績を上げて支店にあたえられた目標を達成するために何が必要かを考え、営業方針を立てて実践していくことです。

銀行の利益は、融資をすることで受けとる利息が大きな割合をしめます。そこで、たとえば、契約している企業への新たな融資の提案はできないかなど、営業をどう展開させるのがよいかを検討します。

営業方針を決めたら、銀行員（行員）に伝えます。そして、営業や窓口などで、課題にとりくむ行員ひとりひとりが実力を発揮し、一丸となって支店の目標を達成できるよう支援し、支店全体を円滑に機能させるようにします。

銀行全体の経営方針をふまえて、支店の目標を達成するための計画を立てます。

融資の相談のため、企業のオフィスを部下といっしょに訪問しています。支店長の存在が、お客さまの安心や信頼を高めます。
▼

お客さまに融資をする

■お客さまをたずねて営業活動を行う

　行員は定期的にお客さまのもとをたずねて、積極的な営業活動を行います。会社の運営やお金の運用方法など、何かこまっていることがないか、お客さまの話をしっかり聞き、お客さまにとって価値がある情報を提供することを心がけています。

　阿久津さん自身も、このような営業活動を行います。部下が担当する営業先にも、支店長が同席したほうがいい場合は、いっしょに出かけます。

■融資の契約内容を確認して指示をする

　融資をするときは、融資の内容を検討する担当者が、どれくらいの金額をかしだせる

これから新商品を開発するなど、まだ実績のない会社への融資は慎重に検討し、なやむときは本部にも相談します。

のか、どれくらいの期間で返せばいいのかといったことを、提案書にまとめます。

　阿久津さんは、提案書に目を通し、お客さまに納得してもらえる内容か、まちがいがないかなどを確認します。かしたお金は返してもらわなければいけないので、お客さまがむりなく返せる提案になっているかどうかも大事です。問題がなければ、書類の内容を承認し、部下に契約を進めるように指示します。

　お客さまが納得したうえで契約が結ばれると、定期的に担当者が融資先の企業をおとずれて、会社の状況や、こまっていることがないかなどを確認しま

提案書について、部下から説明を受けて確認します。

す。阿久津さんも、担当した企業へ足を運びます。

　このように信頼関係をきずいていくことは、次の融資の相談にもつながります。お客さまの信頼を得て、企業や家庭の力になることが、銀行全体の利益にも結びつくのです。

■業務内容にかかわる知識を身につける

　銀行には、お金の管理や融資だけでなく、遺産相続の手つづきや、生命保険の販売など、はば広い業務があります。阿久津さんは、すべての業務について把握して、さまざまなお客さまの相談に対応できるよう、日ごろから書籍や資料に目を通して勉強をしています。

　わからないことは、専門的な知識をもつ行員や本部に相談します。

職場の環境を整える

■はたらきやすい職場をつくる

支店は、お客さまと銀行を結ぶ窓口です。お客さまにとって利用しやすく、行員にとってもはたらきやすいように職場の環境を整えることも、阿久津さんの大切な仕事です。

阿久津さんが支店長をつとめる八本松支店では、12人の行員が、窓口や営業などの業務についてはたらいています。毎朝、行員全員でミーティングを行い、店舗の改善点や、問題点がないかといった意見の交換をしています。たとえば、ATM*の使いかたがわからないお客さまがいれば、そばに説明のステッカーをはったり、効率のいい机の配置の提案があれば変更するなど、改善方法を考えて実行します。

また、行員どうしが協力しあえる環境をつくるために、率先してあいさつをするなど、あたりまえのことの大切さも毎日共有しています。

■お客さまにたよられる行員を育てる

部下の成長をうながし、さまざまな問題に対応できるような行員に育てることも、支店長の大切な役割です。たとえば、部下の業務の状況を確認して、効率的な進めかたのアドバイスをしたり、提案書の書きかたの指導をしたり、仕事の相談を受けたりします。

成果が出た部下には、ねぎらいのことばをかけてやる気を高め、仕事への関心をより深めてもらえるようにします。こうしたことをくりかえして、お客さまにたよられるような行員を育てていきます。

■さまざまな立場の人に気を配る

行員のなかには、子育てや、家族の介護などで、長い時間はたらくことができない人もいます。

融資についての相談にきた部下に、提案書を作成するためのアドバイスをします。

さまざまな立場や事情のある人が、いっしょにはたらいていくために、支店長はそれぞれの行員の事情を考え、仕事の内容を調整したり、周囲に理解をうながしたりします。

また、はたらきかたに関する研修に出席するなどしてよりよい方法を考え、職場づくりにいかしています。

地域の企業の女性経営者などが集まる意見交換会に参加し、女性のはたらきかたや活躍の場を広げていくためのよりよい方法について話しあいます。

＊銀行などに口座をもつ人が、専用のカードと暗証番号を使って、自分で預金や現金の引きだしなどを行える機器のことです。

七十七銀行の阿久津康子さんに聞きました

女性や若手行員がさらに活躍できる職場にしたい

宮城県出身。仙台市で生まれ育ち、市内の短大を卒業後、1987年に七十七銀行に入社。仙台市にある二日町支店に配属になりました。その後、市内を中心にさまざまな支店で、子育てをしながらキャリアを積みました。2016年に人事部ダイバーシティ推進室初代室長に就任。2019年、八本松支店の支店長となりました。

地域の人の役にたつ仕事がしたい

Q どうしてこの銀行に入ったのですか?

子どものころ、母につれられて銀行に行ったとき、窓口で、女性の行員がてきぱきと仕事をしていたのです。そのすがたがとてもかっこよく、あこがれをいだきました。

その後、自分の就職先を考えるうちに、地元仙台で地域の人の役にたてる仕事がしたいと思うようになりました。

その思いに、子どものころにあこがれた女性の行員のすがたが重なって、七十七銀行に入社を決めました。

Q この仕事につくために努力したことは?

銀行の業務やお金について、勉強をはじめたのは、入社が決まったあとでした。銀行はお金をあつかう場所ですから、

仕事には数字がかかわってきます。仕事についていけるように、必死に苦手な数学の勉強をしました。今もつねに新しい知識を身につけるように心がけています。仕事のはばを広げるために、ファイナンシャル・プランナー＊などの資格も積極的にとっていきました。学生時代よりも勉強しているかもしれませんね。

でも、そうして得た知識で、お客さまにアドバイスをして、感謝されると、仕事にやりがいを感じます。

Q これからの目標を教えてください

「職場環境を整え、人材を育てること」だと思っています。わたしは、2016年に七十七銀行のダイバーシティ推進室の室長を経験しました。ダイバーシティとは、性別や年齢、学歴などにかかわらず、個人の能力をいかしてはたらける場のことです。そうした環境をつくるため、仕事と子育ての両立支援や、管理職の理解を高めるなどのとりくみを行ってきたのです。

そうした経験から、わたしは、女性がいまよりも活躍でき、若い人の意見が、より会社に受けいれられるような職場環境を整えていきたいと考えています。そして、行員ひとりひとりが、仕事にやりがいを感じられるよう、上司としての役割を果たしたいです。

さらに、活気ある職場にすることで、七十七銀行の拠点である宮城県、そして東北全体を元気にしていきたいです。

わたしの仕事道具 🔧

FP手帳と名前入りのペン

FP手帳は、巻末に人生設計を考えるのに必要な税金や保険、住宅ローンや不動産などの最新データがまとめられた手帳です。お客さまにアドバイスをするときには、いつも手もとに置いています。上司からプレゼントされた名前入りのペンは、仕事へのほこりと、やる気をあたえてくれます。

一問一答 Q&A

Q 小さいころになりたかった職業は？	Q 好きな食べものは？
図書館の司書	牛タン
Q 小・中学生のころ得意だった科目は？	Q 仕事の気分転換にしていることは？
国語、歴史	美術館めぐり
Q 小・中学生のころ苦手だった科目は？	Q 1か月休みがあったら何をしたいですか？
英語、数学	イタリアに旅行に行く
Q 会ってみたい人は？	Q 会社でいちばん自慢できることは？
渋沢栄一	若い人の意見をとりいれるところ

＊個人の人生設計にあわせて、家計の収支を評価して適切なアドバイスを行う資格、職業です。FPともいいます。

七十七銀行の阿久津康子さんの一日

地域の支店長が集まり、お昼に昼食をかねたミーティングを行うこともあります。

コーヒーショップに立ちより、今日のスケジュールを確認したり、新聞を読んだりしてから出勤します。

ミーティングでは、何かこまったことや問題がないか行員に確認したり、店舗をよくするための意見を出しあったりしています。

スタート！

起床	家を出る	出勤	開店・ミーティング	メールや予定の確認	昼食
5:30	7:00	8:45	9:00	10:00	12:00

就寝	夕食	帰宅・イヌの散歩	退行	閉店	書類確認	お客さま訪問
23:00	19:30	18:30	17:30	15:00	14:00	13:00

閉店後、その日に支店であつかったお金の計算などが行われ、阿久津さんに報告がくるので確認します。

部下の作成した書類をしっかり確認してから、承認の印鑑をおします。

阿久津さんは、イヌを2ひき飼っています。夕方の散歩は、家族のなかで阿久津さんの担当です。

この日は、融資先のお客さまを訪問し、こまりごとなどがないか確認しました。

七十七銀行人事課副長の
鴫原友邦さんに聞きました

こんな人と
はたらきたい！

☑ 地域の活性化に興味のある人

☑ 人の話に耳をかたむけられる人

☑ 積極的に挑戦できる人

銀行の業務を通して地元を元気にする

七十七銀行は、宮城県に拠点をもつ東北地方に根ざした銀行です。現在、東北地方は少子高齢化や、人口減少などの問題をかかえていて、少しずつ元気がなくなっている状態でもあります。そこで七十七銀行では、地元の企業にお金を融資するなど、銀行業務を通して、活気のある町づくりに協力しています。

「地域のなんでも屋さん」として話に耳をかたむける

銀行はお金をかすだけでなく、「地域のなんでも屋さん」だと思っています。どんな小さなことでも、こまったことがあれば、気軽に相談をしに来てもらえる場所でありたいです。行員ひとりひとりが地域のために何ができるか考え、親身になってお客さまの話に耳をかたむけています。

お金のありかたが変わり銀行も挑戦をしていく

近年、インターネットの普及や、電子マネーなど新しいお金のやりとりがふえたことで、お金や銀行のありかたは変わりつつあります。わたしたちも地域に根ざしながら、さまざまな改革や挑戦をしていかなくてはなりません。

七十七銀行は、宮城県の約半数の方にメーンバンク*として利用していただいています。そのぶん、地域における責任がとても大きい会社です。そうした責任を負いながら、失敗をおそれず、何度でも立ちあがって挑戦できる人と、いっしょにはたらきたいと思っています。

七十七銀行ではたらいている行員の子どもたちが職場をおとずれる、職場見学会の様子です。子どもたちが、お金のことや銀行での仕事について学ぶことができるように企画されています。

＊会社や個人が取引をしている複数の銀行のなかで、いちばん取引額が多い銀行のことです。

楽天Edy
らくてん エディ

プロダクト企画・マーケティング部
きかく

伊藤千尋さんの仕事
いとう ち ひろ

楽天 Edy は東京都港区に本社を置く、楽天のプリペイド型電子マネー「楽天 Edy」を
とうきょうと みなとく
運営する会社です。ここでは、携帯電話やスマートフォンで買いものができる「おサイ
うんえい　　　　　　　　　　　　　　　　　けいたい
フケータイ ®」のアプリを企画する伊藤千尋さんの仕事をみていきましょう。

楽天Edy

楽天Edyは、現金をもたずにコンビニエンスストアや飲食店、スーパーなどで買い物ができる前ばらい式電子マネー＊1「楽天Edy」＊2の企画や運営、管理をする会社です。便利なしはらいサービスで「人びとのよりよい日常生活に貢献すること」を目標としています。

楽天Edy株式会社
本社所在地 東京都港区　**創業** 1999年　**従業員数** 1万9,619名（楽天グループ、2019年9月30日現在）

「シャリ〜ン♪」という音でおなじみ
日本一の発行枚数をほこる電子マネー

　電子マネーの「楽天Edy」は、しはらいのときにカードを専用の機械にかざすと「シャリ〜ン♪」という音が鳴るのが特徴です。これまでに発行された枚数は1億2000万枚以上で、日本でもっとも多く発行されています（2019年9月現在）。「楽天Edy」で200円以上の買いものをするたびにポイントがたまり、楽天グループや加盟店などで買いものなどに使うことができます。

▲▶「楽天Edyカード」にはオリジナルキャラクターのお買いものパンダをはじめ、さまざまなデザインがあります。

急速に普及する「おサイフケータイ®」、
つねに最新のサービスを提供

　携帯電話に電子マネーの機能をつけた楽天Edyの「おサイフケータイ®」が登場したのは2004年です。急速に普及していき、進化をつづけるスマートフォンの機能に対応するため、サービスの内容もどんどん新しく生まれかわっています。

▲カードやスマートフォンが一般的ですが、「お買いものパンダEdyキーホルダー」など、キーホルダー型やうで時計型などもあります。

◀スマートフォンに楽天Edyのアプリ（アプリケーション）をダウンロードして入金すれば、買いものができます。

＊1　電子マネーは、現金の代わりにデジタルデータのかたちで伝えるお金のことです。
＊2　「楽天Edy」は、楽天グループのプリペイド型電子マネーサービスです。

コンビニエンスストアやスーパーを中心に「楽天Edy」が使える店を広げる

　使える場所が多ければ多いほど、便利になる電子マネー。「楽天Edy」は、全国約72万か所以上の加盟店（2019年12月現在）で使うことができます。身近なコンビニエンスストアやスーパー、ドラッグストア、飲食店などのほか、家電量販店やホテルなど、いまも加盟店をふやしつづけています。

▶コンビニエンスストアなど、楽天Edy加盟店の一部では、レジでお金をチャージ（追加）できます（写真左）。また、自分でお金を追加できるEdyチャージャーを設置（写真右）している加盟店もあります。

 楽天Edyの SDGsトピックス》

 8 働きがいも経済成長も

 11 住み続けられるまちづくりを

地方のスーパーや小売店に「楽天Edy」を導入、地域の活性化につながるシステムづくり

　楽天Edyでは、大手のチェーン店だけではなく、地方のスーパーや小売店にも「楽天Edy」を導入しています。また楽天Edyのポイントシステムを、その店舗独自のポイントとして活用できるようにすることで店舗をささえながら、地域の経済成長や住みつづけられる町づくりに貢献することをめざしています。

　また、2016年には、岐阜県飛騨市と連携し、全国初の「楽天Edy」を活用した「飛騨市ファンクラブ」がつくられました。「楽天Edy」の機能がついた会員証で買いものをすると、ポイントがつくほか、利用金額の一部が飛騨市に寄付されます。また、会員にはお得な情報や特典があるため、全国に会員が広がり、地域の活性化につながっています。

スーパーの店頭に置かれた、「楽天Edyカード」にお金を追加するための機械。左はおつりが出ない簡易タイプです。地方スーパーの加盟店は、国内の4,000店舗以上に広がっています（2019年12月現在）。

楽天Edy
プロダクト企画・マーケティング部
伊藤千尋さんの仕事

楽天Edyでは、使う人の目的に合わせたさまざまな電子マネーの商品やサービスを展開しています。伊藤さんは、おもにモバイル*企画チームで、「おサイフケータイ®」のアプリを担当しています。さまざまな部署の人と協力しながら、アプリができるまでの過程をみていきましょう。

アプリを企画する

■より便利で使いやすい アプリを考える

「おサイフケータイ®」とは、スマートフォンに「楽天Edy」などの専用アプリを入れることで、電子マネーとして使えるサービスのことです。

伊藤さんは2015年に、それまでにあったアプリを、ゼロからつくりなおす大きな仕事にかかわりました。

アプリはいちどつくったら終わりではありません。スマートフォンの進化や、利用者の要望の変化にあわせて、どんどん新しい機能を追加して、つくりかえていく必要があります。伊藤さんは、おサイフケータイ®のアプリに、

さらにどのような機能があったらより便利で使いやすくなるかを考えて、新しい企画を練ります。

■企画書にまとめて 社内の承認を得る

企画は、これまで社内で出た意見や、利用者のアンケートなどを参考にして考えます。

たとえば、「携帯電話が紛失、故障したときに、アプリに入っていたお金をかんたんに新しいスマートフォンにうつせる機能があれば便利」といった意見です。

新しい企画については、チーム内で何度も議論をしながら形にしていきます。

モバイル企画チームのメンバーに企画内容を伝えて意見をもらい、よりよいものにします。

ホワイトボードを使って、新しいアプリの見せかたや動きについての問題点をチームで洗い出します。 ▶

企画がかたまると、企画書にまとめて、社長や役員などの前でプレゼンテーション*を行います。企画を立ててから、承認されるまでだいたい3か月ほどかかります。

企画を進めてよいという承認が得られたら、じっさいにアプリをつくりはじめます。

アプリを設計する

専用のソフトを使って、ラフを具体的な形にしていきます。右のパソコンで設計をし、左のパソコンでテキストを入力します。 ▼

■画面構成のラフをかく

企画内容に基づいてアプリを設計します。まずは、「このボタンをおすと次の画面に進む」というような、アプリ画面の流れの組みたてを考え

▲ じっさいのスマートフォン画面と同じサイズの枠に、画面構成のラフをかきます。

ます。頭の中にある画面構成を整理して形にするには、手書きで「ラフ」とよばれる大まかなイメージをかきます。

ラフでは、「画面に何を配置するのか」「次の画面に何を置くのか」「その機能を使うために画面を何回移動するのか」などを大まかにかいていきます。利用者がかんたんに使えるように、画面の移動回数はなるべく少なくします。

■パソコンを使って画面を設計する

画面構成が決まったら、パソコンのデザインソフトを使って、具体的に設計します。

各画面に必要な機能を配置し、「どのボタンをおしたらどの画面に移動するか」など、

さらに細かい動きも考えていきます。

このときに、どんなエラーが起きそうか、起きたときはどう対処すればよいのかも、考えておくことが必要です。

各画面の配置や動きを決めたら、それぞれの画面に表示される利用者への説明の文章を考えます。内容だけではなく、「～してください」はひらがなに、語尾は「～する」

といった用語の統一も行い、だれが読んでもわかりやすい文章にしていきます。

■設計したアプリを　チームで確認する

ここまでの設計は、伊藤さんが1人で行います。アプリ内の画面の動きについては、必要におうじて、じっさいに動きをつくるエンジニアにも相談します。

設計の作業が完了したら、チームで共有します。設計したアプリの動きやアプリ内の文章などをチェックし、問題がないか話しあいます。課題が見つかれば、修正して設計書の形に仕あげます。

アプリをつくる

■デザイナーにアプリの　デザインを依頼する

設計が決まったら、社内のデザイナーにアプリの見た目のデザインを依頼します。

伊藤さんがつくった設計書をデザイナーに見てもらいながら、色やレイアウトの希望、こだわりたいポイントなどを伝えます。

デザイナーはそれをもとに、画面内のレイアウトを整えたり、ボタンの形や色を考えたり、ロゴ*1やアイコン*2などをつくったりして、デザイン案としてまとめていきます。

デザイン案ができあがったら、伊藤さんは確認をして、必要があればデザイナーに修正を依頼します。

アプリの動きを書いた設計書を見てもらいながら、エンジニアに作業を依頼します。▶

■エンジニアにアプリの　プログラムを依頼する

デザインが完成したら、次は、設計どおりにアプリが動くように、エンジニアにプログラミングを依頼します。たとえば、「ホームボタンをおすとトップ画面にもどる」などの動きを、じっさいにプログラムしてもらうのです。

アプリができあがったら、じっさいに操作して確認をします。修正を重ねて、問題がなくなればひとまず完成です。

デザイナーにデザインを依頼します。色や線、ボタンの形など、見た目のイメージを細かく伝えます。◀

*1　商品名などに使われる、デザインされた文字のことです。
*2　物ごとの意味や機能をかんたんな絵で記号化して表したものです。

アプリをためしてから配信する

■ユーザーテストを行い問題点を改善する

アプリが完成したら、じっさいの利用者となる一般の人（ユーザー）にアプリをためしてもらいます。

自宅のリビングのようにくつろげる部屋を用意し、テストに応募したユーザーに、リラックスした状態でアプリを操作してもらえるようにします。その様子を、となりにある別室で、伊藤さんをはじめとするプロジェクトのメンバーが観察します。

使用後は、ユーザーにインタビューをして、さらにアプリを操作した感想を聞きます。

そして、当初のねらいどおりにアプリが操作できているかどうか、できないとしたらどこでつまずいているか、操作がわかりにくいところはどこかなど細かく確認します。問題があった部分は改善していきます。

■メンバーでアプリを最終確認する

最後にチームのメンバーで、最終確認をします。アプリはスマートフォンの機種によって少しずつ見えかたや動きかたが変わるので、さまざまな機種を使って調べ、問題がないかテストをくりかえします。問題がなくなれば、いよいよアプリが配信されます。

■アプリを配信して効果を分析する

アプリを配信するとき、利用者にお得なサービスをつけるキャンペーンを行うこともあ

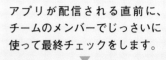

アプリが配信される直前に、チームのメンバーでじっさいに使って最終チェックをします。

ります。その場合は、キャンペーンの担当者と、どのような広告を出したら効果的か、相談をします。

アプリが配信されて約１か月後をめどに、伊藤さんは、今回のアプリを配信したことによってどのような影響があったかなど、さまざまな分析を行います。それをレポートにまとめて、チームのメンバーに報告します。

そこで改善すべき点や追加したい機能などが出てきた場合は、新たに企画書を作成し、アプリを改善していきます。

いつも最新のサービスを提供できるように、この工程をくりかえし、よりよいアプリをつくりつづけていくのです。

アプリを使うユーザーの様子を、となりの部屋で観察し、つまずいているところはないか、スムーズに使えているかなどを確認します。

インタビュー

「シャリ～ン♪」の音を聞くのが いちばんうれしい瞬間

大阪府生まれ、東京都育ち。大学では国際貿易を学びました。卒業後、2012年に楽天グループに入社。約1年間の研修をへて、楽天Edy株式会社のプロダクト企画・マーケティング部に配属。メールマガジンの仕事をしたのち、2015年から現在のモバイル企画チームで、おサイフケータイ®のアプリの企画を担当しています。

自分の体験や 学びをいかせる 楽しい仕事

Q この会社に入った きっかけはなんですか?

　ITの業種というよりは、楽天という会社自体に魅力を感じたことが入社のきっかけでした。

　わたしは大学でマーケティングや経済、経営など、さまざまな分野を学んできましたが、将来の仕事のイメージをまだはっきりともっていませんでした。

　ちょうどそのころ、楽天が「世界一のインターネット・サービス企業をめざす」という目標のもとで、世界に進出していることを知ったのです。もともとITに興味があったわけではありませんが、「この会社なら、大学で学べなかった新しいことができそうだな」と思ったのです。

Q ITの知識はどのように身につけましたか?

おサイフケータイ®のアプリをつくる仕事をはじめた当初はなんの知識もなく、話についていくだけで必死でした。まず、スマートフォンやアプリとは何か、どうやったら画面が動くのかなどの基本から学びました。

アプリのデザインや設計のしかたについては、たくさんの専門書を読んだり、深い知識が学べる学校に自主的に通ったりして、身につけていきました。

Q 仕事をするうえで心がけていることは?

アプリを企画・設計するうえでもっとも心がけているのは、「どうしたらお客さまにとっていちばんわかりやすく、使いやすくなるか」をつきつめることです。

そのためにくふうできると思ったことは、デザイナーやエンジニアに提案しています。「それはいいアイデアだね」と、とりいれてもらえるとうれしいですね。

また、ふだんの生活のなかでいろいろなアプリを使うときに、「この画面はこうした

わたしの仕事道具 🔧

スマートフォン

おサイフケータイ®はスマートフォンのメーカーや機種によって、アプリの見えかたや画面の動きかたがちがいます。ふだんから4～5種類のスマートフォンを机のまわりに置いて、アプリを企画するときや、配信後にたしかめています。

らもっとよくなる」などと考えるくせをつけています。

Q 仕事のどんなところにやりがいを感じますか?

自分の企画したアプリを、店頭でじっさいに使っている人を見かけるのが、いちばんうれしい瞬間です。おサイフケータイ®でしはらうときの、「シャリ～ン♪」という音が聞こえるたびに、心のなかで「ありがとうございます」と言ってしまいます。

また、アプリの企画は、大きなプロジェクトの場合、配信までに1年くらいかかることがあります。プロジェクトにかかわる人は、デザイナーやエンジニアから、法務や経理の担当者まで、多いときで30人ほどいます。

わたしはプロジェクトリーダーとして全体の進行を管理

しながら、たくさんの人とこまかな調整も行うのでたいへんですが、その分、無事にプロジェクトを終えたときは達成感でいっぱいです。

今後さらに広まるお金のサービスに貢献したい

Q キャリアアップのためにしていることは?

楽天グループでは英語が公用語となっています。外国籍の社員やインターン*が出席する会議や打ちあわせは、原則として英語を使います。

もともと英語は苦手でしたが、いまは日ごろから英語にふれるようにしています。とくに大好きなアメリカのドラマを字幕なしで観賞することで、楽しみながらスキルアップをしています。

*企業で一定の期間はたらいて職業体験をする学生のことです。

Q 今後の目標は なんですか?

最近では、現金をもたずにクレジットカードやおサイフケータイ®などの電子マネーで買いものをする流れが急速に広まっています。

なかでも、スマートフォンでバーコードなどを読みとってはらう「楽天ペイ（アプリ決済）」などが注目を浴びていて、さまざまな企業が同じしくみのサービスを次つぎと展開しています。

楽天グループ全体としても、今後さらにお金にまつわるサービスを強化していく方針です。そのなかで、わたしがリーダーをつとめるモバイル企画チームはグループ全体にどのように貢献できるかを検

大きなプロジェクトの前後には、モバイル企画チームのメンバーで食事をして団結力を高めます。

討し、それを実行していくことが大きな目標です。

そのために、モバイル企画チームのメンバーひとりひとりの実力を育てていきたいと思っています。

Q 子どもたちに伝えたい ことはありますか?

ふだんのくらしのなかで、

なにかに疑問をもったり、楽しいと思ったりしたことがあったら、そうした疑問や楽しいと思った理由をもっとくわしく調べてみましょう。

この姿勢を身につけておくと、どんなときでも自分の世界が広がっていくことを楽しめるようになるはずです。

一問一答

Q 小さいころになりたかった職業は?
新体操のオリンピック選手

Q 小・中学生のころ得意だった科目は?
体育

Q 小・中学生のころ苦手だった科目は?
英語

Q 会ってみたい人は?
スティーブ・ジョブズ（アップル社の創業者）

Q 好きな食べものは?
ドーナツ

Q 仕事の気分転換にしていることは?
スカッシュ、映画鑑賞

Q 1か月休みがあったら何をしたいですか?
ヨーロッパ旅行

Q 会社でいちばん自慢できることは?
社内のカフェテリアの食事がとてもおいしく、無料で食べられること

楽天 Edy の 伊藤千尋さんの 一日

週に1回行うチームミーティングは、プロジェクトごとに行います。作業の進み具合などを報告しあいます。

9時の始業とともにスタートする部全体の朝会。かんたんな連絡や報告が行われます。

スタート！！

社内のカフェテリアは、多くの社員で混雑するため、早めに昼食をとります。

起床・朝食	出社	朝会・メールチェック	プロジェクトミーティング		昼食
7:00	8:45	9:00	9:30		11:45

就寝	帰宅・夕食	退社	アプリの設計書を作成	プロジェクトミーティング	上司と面談	アプリのデザインをチェック
23:30	20:00	18:00	16:00	15:00	14:00	13:00

アプリの設計書は、デザイナーやエンジニアにわかりやすいように仕あげます。

2週間に1度、上司との面談を行います。なんでも気軽に相談できる環境です。

デザイナーからもどってきたデータをチェックし、電話やメールなどで修正依頼をします。

楽天Edy 組織運営グループの
尾形早織さんに聞きました

こんな人と
はたらきたい！

- ☑ 情熱をもった人
- ☑ チームで力をあわせられる人
- ☑ おもてなしの心をもてる人

社員が情熱をもって仕事にとりくむ

楽天Edyは2001年に電子マネーのサービスをはじめました。それ以来、情報技術の進化とともに、最先端のサービスを生みだしつづけています。社員がみな情熱をもって仕事にとりくむ、明るく活気にあふれたふんいきが特長です。

わたしたちがめざしているのは、「かんたん・便利でみんなが使えるサービス」、そして「自分たちの利益だけでなく人と社会のためになるサービス」です。

このことばのもとで、社員ひとりひとりが自分に何ができるかを考え、チームとしても力を合わせ、同じ方向に向かってはたらいています。

つねに相手のことを考え行動できる人に

もう一つ、会社として大切にしているキーワードに「おもてなし」があります。

サービスを通じてお客さまに心地よい体験をしてもらうためには、まずは社員が目の前にいる人を心地よくさせる「おもてなしの心」が必要です。

そこで、社内では「おもてなしプロジェクト」と題して、さまざまなとりくみを行っています。たとえば、社内にお菓子を寄付する箱を設置し、食べた人は寄付してくれた人にメッセージを残します。さいなことですが、あたたかいコミュニケーションが生まれるきっかけになります。

つねに相手を思い、考え、行動できる人とよりよい会社をつくっていきたいと考えています。

年に数回開催される「グリーンデー」は、「おもてなしプロジェクト」のテーマカラーである緑のものを身につけ、おもてなしの心を意識するイベントです。

日本生命

商品開発部
河村佐織さんの仕事

日本生命は大阪府大阪市に本社がある、業界大手の生命保険会社です。病気やけが、死亡など、もしものときの経済的な負担をサポートする商品を提供しています。ここでは、新しい保険の商品の企画・開発を担当する河村佐織さんの仕事をみていきましょう。

日本生命

日本生命は、「お客さまの役にたつ」ことを原動力に、加入者から集めたお金を万一のときにしはらうことで経済的にサポートする保険の商品を提供しています。業界トップの契約数をほこり、多くのお客さまが安心して人生をすごせるように、サポートしています。

日本生命保険相互会社
本社所在地 大阪府大阪市 **創業** 1889年 **従業員数** 7万3,260名 (2019年3月31日現在)

お客さまの声や要望に合わせた保険商品をそろえて安心をとどける

保険は、万が一のときに発生するお客さまの経済的な負担を、保険会社が保険金をしはらうことでサポートするしくみです。死亡や病気、入院などにそなえる生命保険と、車の事故や火災、地震などにそなえる損害保険があり、日本生命では、生命保険を中心に、お客さまの人生設計や要望に合わせた保険商品を数多く開発、販売しています。

日本生命では、「ニッセイトータルパートナー」とよばれる営業の職員が、お客さまをたずねて保険が自分や家族の生活をまもる大事なそなえであることを、ていねいに説明しています。契約を結んだお客さまとは長期にわたるつきあいとなるので、年に1回は契約内容の確認におとずれて、安心をとどけています。

▲その人の人生プランに合わせて保障が選べる「みらいのカタチ」。

▼重い生活習慣病になったときに給付金が受けとれる「だい杖ぶ」。

▲日帰り入院から一時金で入院給付金＊を受けとることができる「NEWin1」。

▶60日以上の長期入院などではたらけないときに、給付金を受けとることができる「もしものときの…生活費」。

◀不妊治療やがんになったときなどに給付される「ChouChou!」。

◀お客さまの状況をていねいに聞き、保険金の申請書類の書きかた、受けとりかたなどを、わかりやすく説明します。

お客さまに万が一のことがあったときはすばやくサポート

日本生命では、お客さまと顔を合わせて対応することを大事にしています。病気やけが、死亡など、お客さまに万が一のことがあったときに、心にダメージを受けているお客さまの経済的な負担をへらし、少しでも早くもとの生活にもどれるよう、審査やしはらいをすばやく進めてサポートします。

お客さまからあずかったお金を運用して
しっかりふやす

お客さまからあずかった保険料は、しはらいが必要となるそのときまで、日本生命が責任をもってあずかります。ただ保管しておくのではなく、少しでもふやしてお客さまに返すための努力をしています。これを「資産運用」といって、たとえば、企業などが行う事業にお金を提供するときに、少し上乗せして返してもらうことで、資産をふやしています。日本生命の資産は、生命保険の業界では世界でも有数の規模です。正しく運用することで、お客さまに確実に保険金をしはらうことができるほか、社会に貢献することも意識しています。

かけがえのない地球環境を次世代につなぐ

日本生命では、地球環境をまもることが人にとっても企業にとっても重要な課題であると考え、業務にかかわるさまざまな場面で環境に配慮したとりくみを行っています。

たとえば、オフィスでの紙の使用量をへらしたり、日本生命が保有するビルや開発したビルに、太陽光パネルを設置して再生可能エネルギーの導入をしたりしています。

▲日本生命が開発した、東京の大手町にある「日本生命丸の内ガーデンタワー」は、環境への配慮から、省エネルギーに気を配った設計がされています。

日本生命の SDGsトピックス≫

4 質の高い教育をみんなに

子どもたちが自分の将来について、
考えるきっかけとなる授業を行う

「子どもたちが自分自身の将来について考え、未来を切りひらいていくことを応援したい」という思いから、日本生命では、中学生・高校生を対象に、職員たちが講師となって授業を行っています。授業には、職員が学校をおとずれる「出前授業」、子どもたちが来社する「受入授業」があります。社会に出てひとりぐらしをする場合の生活設計について考える「ライフデザイン」「家計管理」や、家族をもち、自分らしさの実現とおたがいにささえあうことの関係に気づく「ささえあい」などをテーマにした授業を行っています。

出前授業の様子。授業後の子どものアンケートでは、「今回の授業で自分らしい生きかたを考えることができた」「人と人がささえあって生きていることを感じることができた」などの声がよせられています。

商品開発部
河村佐織さんの仕事
（かわむらさおり）

商品開発部には、新しい保険の商品をつくる商品開発チーム、保険料や利益を計算する数理チーム、保険の規約*などを作成する規約チームなどがあります。商品開発チームに所属する河村さんは、どんな保険がもとめられているかを調査し、新しい保険の商品を企画して、商品として完成させる仕事をしています。

新商品の企画を考える

■すでに発売されている保険の商品を見なおす

同じ入院保険でも、保障する入院日数、けが・病気の種類をはじめ、しはらう保険料や万が一のときにしはらわれる保険金の金額などがことなる、さまざまなタイプの商品があります。河村さんは、これまでの自社の商品を見なおすことから仕事をはじめます。

まず、お客さまの満足度を調査したアンケートの結果や、営業部門からの意見を確認します。支社に行って、営業の人に直接意見を聞く機会もつくります。

次に、集めた情報を分析して、課題をさがします。たとえば、お年よりに売れていない商品がある場合、なぜ売れないのか、他社の商品で売れている類似商品はないかなどを調べて、必要とされている保障内容やサービスを考えていきます。

■社会の動きや保険業界の情報を確認する

医療技術の進歩などにより、入院日数が短期化していることなど、社会の動きや保険業界の動きを知ることは、商品を開発するうえで大切です。

毎朝、新聞のニュースに目を通し、新しい情報や大事な情報をメモします。▶

そのために、保険業界の最新のニュースや他社の商品の情報、保険関連の法律改正などについてのっている新聞には毎日目を通します。他社の商品がヒントとなって、新しい企画がうかぶこともあります。法律の改正の情報は、厚生労働省のホームページなどでも確認します。

＊保険会社とお客さまのあいだでとりかわす、保険の細かい内容が記された文書のことです。

他社の気になる商品があれば、自社の類似商品とのちがいを、商品の規約などを見て確認します。

■ほかの生命保険会社と情報交換をする

保険業界全体をよりよくしていくために、年に1回、国内の生命保険会社が集まり、新商品や商品を売るためのくふうを伝えあうなどの、情報交換を行います。新たな気づきや発見もあり、企画を考えるための貴重な機会になっています。

■社会の課題をふまえて新商品の企画を考える

調査で明らかになった社会の課題や、必要とされている保障内容やサービスの分析をもとに、新商品の企画をまとめます。たとえば高齢化に着目した場合、高齢者に多い病気を保障する保険や、高齢者が使いやすい入院保険について、細かくまとめていきます。

新商品を完成させる

■新商品の内容をまとめ経営会議にかける

まとめた企画は商品開発チームのなかで検討され、たくさんの企画のなかから、次に進める企画が決まります。企画を商品として形にするため、ここから先はチームのメンバーと協力して進めます。

まず、その商品のくわしい内容を決めていきます。たとえば、いまの入院保険にはない保障内容やサービスをとりいれる場合、保障する病気の種類をふやすかどうか、どの時点で保険金をしはらえばよいか、いくらのしはらいがあればお客さまは満足するのかなど、具体的な保障内容やサービスの内容を考えていくのです。

内容が固まったら、会社の経営会議に提出する資料

図表を入れて、わかりやすく説得力のある資料作成を心がけています。

を作成します。新商品の内容に加えて、その必要性や、どのくらいの利益が期待できるかなどについても説明します。ほかのメンバーと意見を交換し、上司にもチェックしてもらいながら、説得力のある資料に仕あげていきます。

資料を提出して、経営会議で社長から企画が承認されると、商品化が決定します。

新商品をつくるチームのメンバーと、意見を出しあって、内容をまとめていきます。

上司に相談し、アドバイスをもらって、資料を完成させます。

▲
大阪本社のシステム開発部門と、テレビ会議で何度も意見交換をします。

■関連部署と議論して商品を完成させる

じっさいの販売に向けて、部内の数理チームや、販売部門、システム開発部門、お客様サービス部門などと議論をかわし、商品を完成させていきます。

お客さまにとって不便な点がある、社内のシステムの変更がむずかしい、利益が見こめない、などの問題があれば、見なおさなくてはなりません。それぞれの立場からの意見を聞き、問題点をあらいだし、解決するための方法をくりかえし検討します。

完成までには1年ほどかかります。商品ができると、細かい規約をつくります。

■新商品を売りだすため宣伝方法を考える

商品が完成したら、売りだす準備をします。宣伝は、新商品のイメージを印象づける大事なものです。社内の広告宣伝部や広告代理店と、パンフレットやポスターのデザイン、商品のロゴなどについて打ちあわせをします。

新商品が販売されると、分担して支社におもむき、新商品の説明をします。

社内教材をチェックする

■商品開発の視点から教材を確認する

河村さんが開発した商品をふくめ、販売されている保険商品について、営業職員向けに商品内容やお客さまへの伝えかたなどの教材がつくられています。

商品のあやまった情報がお客さまに伝わらないよう、商品開発の視点から教材の内容を確認するのも河村さんの大事な仕事です。教材作成の部門から依頼がきたら確認し、修正を指示します。

お客さまにわかりやすくなっているか、誤解をまねく記述はないか、表現も細かくチェックします。▶

日本生命の河村佐織さんに聞きました

生命保険を通じて、より多くのお客さまを助けたい

埼玉県出身。小学生の5年間はアメリカに滞在。大学では国際政経学部で国内外の経済学や政治学を学びました。大学卒業後、2012年に日本生命に入社。営業を2年間つとめたあと、営業教育部に異動し、社内向けの教育教材の作成に5年間たずさわりました。2019年から商品開発部で新商品の企画・開発の仕事をしています。

テロを経験して生命保険の大切さを実感

Q この仕事を選んだ理由はなんですか?

わたしは小学生のころ、父の仕事の都合でアメリカに5年間ほど住んでいました。そのときに、「アメリカ同時多発テロ*」が起こったんです。幸いにして家族は全員無事でしたが、友人をふくめ、被害を受けた人たちが周囲におおぜいいました。

父は生命保険会社ではたらいていたので、テロのあとはとてもいそがしくなりました。そのとき、父から「お父さんも生命保険に入っているから、万が一のことがあっても残された家族の生活の心配はいらないよ」と聞かされ、おどろいたのと同時に、生命保険で救われる人がいるのだと実感したことを覚えています。

＊2001年9月11日に、アメリカの3都市4か所で同時に起こり多くの死傷者が出たテロ攻撃のことです。

それ以来、進路を考えるとき、生命保険会社が選択肢に入るようになりました。目の前が真っ暗になるような「まさか」のときに、わずかでも希望の光となることができるのが生命保険なのではないかという気持ちが強くなり、この仕事を選びました。

Q この会社に入ったきっかけはなんですか?

理由は2つあります。1つは、採用説明会などで接した先輩たちがいきいきと仕事をされているのが魅力的で、「わたしもこんなふうに仕事がしたい」と思ったことです。

もう1つは、日本生命が、国内の生命保険会社のなかでもっとも多くのお客さまから選ばれている会社だというこ

とです。その分だけ、より多くのお客さまを助けることができ、社会貢献にもつながるのではないかと思いました。

Q 仕事のやりがいはなんですか?

お客さまの率直な意見を聞いている営業から「この商品の評判がすごくいいよ」と聞くと、やりがいを感じます。現場の声をどんどん商品に反映させていきたいので、商品

の発売後は積極的に支社へ出むいて、営業の話を聞いています。

Q 商品開発の仕事で大切なことはなんですか?

社会情勢や、ほかの生命保険会社の動きに関心をもち、つねにアンテナをはっておくことです。すると、「これが必要かな」というひらめきがわくようになります。

わたしの仕事道具 🔧

ノートとボールペン

打ちあわせの内容や重要だと感じたことなどは、欠かさずノートにメモをとります。大事なことを書きとめるには、手で書くのがいちばんです。ボールペンは、前の部署を異動するときに送別の品としていただいて以来、ずっと愛用しています。

一問一答 Q&A

Q 小さいころになりたかった職業は?
キャビンアテンダント

Q 小・中学生のころ得意だった科目は?
英語

Q 小・中学生のころ苦手だった科目は?
理科（化学）

Q 会ってみたい人は?
水卜麻美（アナウンサー）

Q 好きな食べものは?
焼き肉

Q 仕事の気分転換にしていることは?
友だちと食事に行く

Q 1か月休みがあったら何をしたいですか?
沖縄で毎日のんびりすごす

Q 会社でいちばん自慢できることは?
職員がみな「よりよくしていこう」という意識が高いこと

日本生命の
河村佐織さんの
一日

調査した内容を整理して、企画会議の資料を作成します。

ICカードをかざすと開くセキュリティゲートを通って、会社に入ります。

メールチェックをしたあと、保険に関する新聞に目を通して最新情報を確認します。

起床	家を出る	出社	メールと新聞のチェック	調査・会議資料作成	昼食
6:30	7:45	8:45	9:00	10:00	12:00

スタート!!

就寝	帰宅・夕食	退社	広告宣伝部と打ちあわせ	開発メンバーと打ちあわせ	上司に現状の報告
23:30	19:00	18:00	16:00	15:00	13:00

新商品の開発メンバーと、課題について話しあいます。

商品の特徴が伝わるように、パンフレットの内容について、宣伝担当と相談を重ねます。

上司に進行中の企画の報告をしながら、今後の課題や方向性を確認します。

日本生命採用担当の
古橋成美さんに聞きました

こんな人と
はたらきたい！

- ☑ 目標に向かって努力する人
- ☑ 助けあいの心をもつ人
- ☑ 問題の本質を見ぬける人

目標の達成に向かって努力しつづける

　日本生命には、営業や企画、資産運用などさまざまな業務があり、職員も多種多様です。そのなかで共通しているのは、「お客さまの役にたつことを考え、思いをこめて仕事をする」ことです。

　やる気や情熱があれば、経験が浅くても大きな仕事をまかせてもらえます。仕事の責任の大きさになやむことがあっても、相談にのってくれる先輩たちがいます。そんな環境のなかで、よりよい方法を考えぬきながら一歩一歩クリアしていくことができます。そして、仕事をやりとげたあとの「達成感」が、自分自身を成長させてくれます。

　わたしたちは、現状に満足することなく、目標をもってそれに向かって努力しつづける人をもとめています。

助けあいの心を大事に本質を見ぬく力をもつ

　少子高齢化が大きな問題となっている現代、介護や年金など、将来への不安はつきません。生命保険は、お金を出しあい、たがいに助けあうことが原点です。わたしたちは助けあいの精神を大事に、保険を通じて、こまっている人たちが何を必要としているか考えぬいて、よりよい提案やサポートをしたいと思います。

　そのために、本質を見ぬく力も必要です。自分自身で課題を見つけ、解決できるよう、ふだんから、「なぜそうなるのか」と問いかけることを心がけ、深く考える習慣を身につけてほしいと思います。

日本生命は「東京2020オリンピック・パラリンピック」のパートナー企業です。職員は、車いすバスケットボールを中心としたパラリンピックの種目の大会を観戦・応援して、日本生命が大事にしている助けあいの心を学んでいます。

NOMURA

野村ホールディングス
のむら

野村證券 投資情報部
しょうけん とうし じょうほう ぶ

澤田麻希さんの仕事
さわ だ ま き

野村ホールディングスは東京都中央区に本社を置く、証券の売買など、投資・金融サー
とうきょう と ちゅうおうく　　　　　　　　　　しょうけん　　　　　　　　　　　　　　　　さんゆう
ちゅうかく
ビス業をいとなむグループ企業です。ここでは、野村ホールディングスの中核企業であ
ぎょう
しょぞく
る野村證券の社員で、投資情報部に所属する澤田麻希さんの仕事をみていきましょう。

野村ホールディングス

野村ホールディングスの中核企業である「野村證券」は業界トップの証券会社です。株式[*1]や債券[*2]などの証券を売りたい人と買いたい人のあいだに立ち、両者のやりとりを支援してお金を社会に回し、ゆたかな社会づくりに貢献しています。

野村ホールディングス株式会社

本社所在地 東京都中央区 **設立** 1925年 **社員数** 2万7,175名（グループ企業をふくむ。2019年12月31日現在）

情報を集めて投資家に提供し、証券の売り買いを成立させる

　国や会社には、たくさんのお金が必要です。たとえば工場を建設するときには、手もちの資金だけでは足りません。そこで、国や会社にお金を出して応援してくれる人たち（投資家）からお金を集め、その売買の証明となる証券を発行します。野村證券は、会社や投資家のあいだに立ち、会社に関する情報などを集めて、役だつ投資情報を投資家に提供するなどして、証券の売り買いをまとめています。そうして、国や会社にお金が回るようにしているのです。

▲世界の動きや会社に関することなど、刻こくと変わる情報を集めて、その情報を投資家などに提供するために、調査・分析をします。

▲取引先の会社の要望をていねいに聞いて、会社が成長するための方法をいっしょに考え、サポートしていきます。

お客さまの要望を聞いて会社の成長をサポートする

　成長を望む会社に対して、その要望を聞き、野村證券のノウハウやネットワークをいかしながら、会社の価値を高め、成長をサポートします。

　会社を大きくする方法として、株式上場や合併・買収などがあります。株式上場とは、おもに証券取引所で会社の株式を自由に売り買いできるようにすることで、上場すると会社の信用が高まり、投資家からお金を集めやすくなります。しかし、証券取引所のきびしい審査に通る必要があるため、上場に必要な知識や手法を会社に伝え、上場に欠かせない書類の作成を手伝い、会社の上場までサポートします。

*1　会社がお金を集めるために発行するもので、株式を買った人は株主とよばれ、会社の利益の一部を受けとります。

*2　国や地方自治体、会社が投資家からお金を借りた証明に発行するもので、返すときには投資家に利子がしはらわれます。

▲「資産運用」と一口にいっても、あつかう金融商品はさまざまです。お客さまの目的や要望に合わせて、最適な金融商品をとりそろえています。

個人向けに金融商品をそろえて資産運用をサポートする

金融商品とは、証券会社や銀行などであつかう株式や債券のことです。これらの金融商品に投資することで資産をふやし、将来に向けてお金を準備することを資産運用といいます。結婚や出産、住宅の購入、教育資金など、どのタイミングでお金がかかるかお客さまと考えて、お客さまひとりひとりに合った運用方法を提案します。また、野村グループには、お客さまから資産をあずかり、代わりに運用してその価値を高める会社もあります。

野村ホールディングスのSDGsトピックス》

債券の売買を成立させることで環境や社会の課題解決に貢献する

野村グループでは、金融商品やサービスの提供を通じてお金を回し、経済成長と社会の持続的な発展に貢献することが、大切な役割だと考えています。とくに、気候変動や水質保全といった、環境やさまざまな社会課題の解決のために、企業がグリーンボンド[*1]やソーシャルボンド[*2]という債券を発行して、資金を集める動きに注目してきました。

野村グループでは、このような債券を発行して、資金を集めようとする企業と、社会に貢献したい投資家のあいだに立ってとりまとめ、日本経済の発展と環境問題の解決に貢献しています。

グリーンボンドの発行で資金を得た会社は、環境に配慮した建てものの建設などによって、住みつづけられる町づくりや温暖化対策を進めることができます。

[*1] 再生可能エネルギーや省エネルギーの建てものの建設など、環境を改善するための資金を集めるための債券のことです。
[*2] 開発途上国の支援など、社会問題を解決するための資金を集めるための債券のことです。

野村ホールディングス

野村證券 投資情報部
澤田麻希さんの仕事

澤田さんは、野村證券の投資情報部に所属しています。ここでは、世界経済の動きや個別の会社の動きなどについて情報を集め、日びうつりかわる株価*の動きを予測して、その情報をお客さまに発信しています。また、マスコミ担当として、株価の動きを各メディアに伝える大事な役割も果たしています。

株価の動きを予測する

■株価の動きをお客さまやメディアに伝える

投資情報部では、日本の会社の株価の動きを分析し、野村證券のお客さま向けに投資に役だつ情報として発信しています。また、大学生などに投資のしくみを教えています。

澤田さんはマスメディアへの対応を担当し、テレビや月刊誌などを通じて、株価の動きを伝え解説をしています。

■世界経済の動きと企業の動きを確認する

株式の売買を行う証券取引所は全国に4か所あり、その中心となるのが東京証券取引所です。東京証券取引所は、平日の午前9時から11時30分までと、午後12時30分から3時までの2回開かれます。澤田さんは、一日の株価の動きを予想するため、東京証券取引所が開く前に、新聞や専門のニュースなどを読み、情報を集めます。

株価が上がったり下がったりする原因は、さまざまです。国内の政治や経済政策によって動くこともあれば、日本の企業が多く輸出をしている国の景気によっても変わります。

海外の株価にも大きく影響を受けます。たとえば、アメリカの自動車会社の株価が大きく動けば、日本の自動車業界にも影響が出てきます。そ

日本経済新聞や金融の専門紙も読みこみ、世界各国の経済の動きから個別企業の情報まで、株価の動きにかかわるあらゆる情報を集めます。

＊株式が売り買いされるときの価格のことで、たとえば買う人が多ければ上がり、少なければ下がるなど、毎日変化します。

東京証券取引所が開いたので、関連部署に連絡をして、株式の売買の状況を聞きます。

株価の動きの原因をつきとめるために、同じ部署のエコノミストに相談します。

▼

のため、前日の海外の株価の動きもかならず確認していまます。

また、企業の業績が予想より悪かった場合は株価が下がり、逆に予想よりも業績がよい場合は、株価は上がります。そのため、定期的に公表される企業の業績などのデータの確認も欠かさず行います。

澤田さんは、世界経済の動きと個別の企業の動きの2つの観点から情報を集め、その日の株価の動きの予測を立てます。

■ 株式の売買の状況を確認する

東京証券取引所が開くと、株式の売買を仲介する社内の部署に問いあわせをして、株式の売買の状況を確認します。そして、じっさいの株価の動きを確認し、その原因を分析していきます。

■ 社内の専門家に相談し、会社の見解をまとめる

社内には、さまざまな経済の専門家がいます。投資情報部には、日本のほか、アメリカや中国、ヨーロッパ、経済発展の大きい新興国など、各国の経済を分析する専門家（エコノミスト）がいたり、他部署には日本の企業や業界について、業績や先ざきの見とおしを分析する専門家（アナリスト）がいます。

澤田さんは、こうした社内の専門家にも確認をして、日びの株価の動きを分析したり、今後の予測を立てたりして、会社としての見解をまとめていきます。

メディアで情報発信する

■ マスコミの記者に株価の見とおしを伝える

分析した情報は、さまざまな形で伝えていきます。

澤田さんは、毎朝、東京証券取引所に出向き、テレビやラジオ、新聞などのマスコミの記者に向けて、専門家の立場から解説を行います。

証券取引所が開く前に集めた情報や、開いてすぐの株式売買の動きをふまえて、今日

東京証券取引所ビルにある「兜倶楽部」とよばれる記者クラブで、毎朝15名ほどの記者に向けて今日の株式について解説します。

株価の動きは、グラフやチャートで表すなど、記事はわかりやすくまとめます。

一日の株価の動きの見とおしを伝えます。どんな業種の株価が動いているのか、業績の発表を行う予定の企業はどこかなど、投資をするために役だつ情報などを伝えるのです。

記者は、澤田さんの話をもとにして新聞記事を書いたり、ニュースの原稿を書いたりします。

■テレビ番組で株価の動きを解説する

投資家向けのテレビ番組に出演するのも、澤田さんの大事な役割です。月に数回、澤田さんは株式市場の取引が終了したあと、社内のスタジオスペースで、5分ていど今日一日の株式の状況と今後の動きの予想を解説しています。

■月刊誌でおすすめの株式を紹介する

また、澤田さんは、部内の社員と手わけをして、月刊誌

『Nomura21 Global』の記事も執筆しています。野村證券のお客さま向けに発行しているもので、今月の株価の見とおしやおすすめの株式などについて、分析した結果をわかりやすく伝えます。

たとえば、企業の売りあげ

が上がり、株価が上がった場合、売上高のグラフと、株価の動きを合わせて見られるようにすると、金融知識がない人でも理解しやすくなります。

また、セミナーを開いて、投資家や社内の社員向けに直接説明をすることもあります。

新しく株式を上場する企業の社長に取材をし、企業の展望など、投資の判断材料になる情報を聞いて、月刊誌で紹介します。

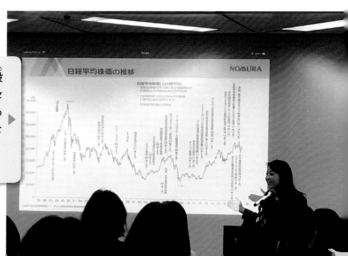

社内の社員向けや投資家向けに投資のセミナーを開くこともあります。図表を使ってわかりやすく説明します。

野村證券の澤田麻希さんに聞きました

金融商品の知識を伝え、人生を ゆたかにするお手伝いをしたい

徳島県阿南市生まれ。徳島の実家は、焼き鳥屋をいとなんでいます。中学校・高校ではソフトボール部に所属、大学時代は野球部のマネージャーをしていました。野村證券には2001年に入社し、大阪の堺支店、東京の成城支店で営業の経験を積みました。2010年に投資情報部に配属、株式の情報を各方面に伝える仕事をしています。

はば広い層の人と 接することが できる仕事

Q この会社を選んだ 理由はなんですか?

　もともと人と接することが好きでした。金融業界であれば、お店におとずれるはば広い世代の人たちと接することができるので志望しました。なかでも、野村證券は証券業界でナンバーワンの企業。優秀な人材が集まるなかで、自分がどこまでできるのかをためしたいといった気持ちもあり、就職を決めました。

Q はたらきはじめて おどろいたことは?

　会社があつかう金融商品がたくさんあることにおどろきました。一口に「証券」といっても、上場企業の数だけ株式がありますし、さまざまな国や機関が債券を発行しています。また、保険や投資信託、

そして各国の通貨などもあつかっています。

　しかも、金融商品は日び価格が変わります。経済の状況を把握していなければ、お客さまに商品の説明ができません。ですから、はじめは覚えることがたくさんあってたいへんでした。

　でも、会社には、マンツーマンで教えてくれる先輩がつねにそばにいてくれたので、とても心強かったです。わからないことはすぐに聞くことができ、安心して業務を覚えることができました。

Q 投資情報部の仕事のやりがいはなんですか？

　野村證券のお客さまだけではなく、大学生であったり、マスコミの記者であったり、

わたしの仕事道具 🔧

会社四季報

年に4回発行される『会社四季報』です。『会社四季報』には上場会社の事業内容や業績予想、新規事業、そして設備投資などの投資に役だつ情報がつまっています。発行されると、1週間かけて読みこみます。そして気になる会社をチェックし、会社を分析するツールとして活用しています。

はば広い層の人たちに情報発信できることに、とてもやりがいを感じています。

　入社したときには営業の仕事を担当していたので、まさか自分がテレビに出演する仕事をすることになるとは思いもしませんでした。生放送で話をするときは、いつも緊張感があり、いい刺激をもらっています。

Q 今後の目標について教えてください

　はば広い層の人たちに向けて、もっと証券のことを伝えていきたいと思っています。先ざきの人生設計を考えるうえで、お金は大事なものです。多くの人に金融商品をわかりやすく伝えることで、さらに人生をゆたかにするお手伝いができればと思っています。

一問一答 Q&A

Q 小さいころになりたかった職業は？
NHKの子ども番組の歌のおねえさん

Q 小・中学生のころ得意だった科目は？
音楽（いまでもときどきピアノをひきます）

Q 小・中学生のころ苦手だった科目は？
図工

Q 会ってみたい人は？
プロ野球選手の大谷翔平（インタビューしたい）

Q 好きな食べものは？
おすし

Q 仕事の気分転換にしていることは？
トランポリン

Q 1か月休みがあったら何をしたいですか？
中南米やアフリカ旅行

Q 会社でいちばん自慢できることは？
みんなが一生懸命仕事にとりくんでいるところ

野村證券の 澤田麻希さんの 一日

部員が集まり、日本や世界の経済の動きを報告しあいます。どの株式が売れているかなど、全国の支店からの報告も確認して、今後の株価の動きを予測しあいます。

スタート!!

朝起きたら日本経済新聞の朝刊を読みます。経済の動きやアメリカ市場の動きを確認し、日本の株価の今日の動きを予想します。

東京証券取引所の記者クラブに出向きます。移動中も、今日の株価の動きをどう説明するか頭をフル回転させています。

起床・朝食	出社・朝会	外出	記者クラブで解説	会社にもどる
5:00	8:40	9:15	9:30	10:30

就寝	帰宅・夕食	退社	勉強会	テレビ出演	月刊誌の原稿作成	昼食	上司と打ちあわせ
23:00	18:30	17:10	16:00	15:00	13:00	12:00	11:00

テレビ会議システムで、支店ではたらく新人向けの勉強会を行います。わかりやすい資料を用意して、株式市場の動きについて講義します。

生放送の番組に出演します。その日の株価の動きとその原因、今後の予想などをわかりやすく解説します。

月刊誌の原稿内容を上司に相談します。

野村證券人事部の
佐々木芳典さんに聞きました

こんな人と
はたらきたい！

☑ 何かに打ちこんだ経験のある人
☑ 新しいことに挑戦できる人
☑ まっすぐで誠実な人

活躍できる場は無限大！多様な人材がいる職場

野村ホールディングスの仕事は多岐にわたり、お客さまに直接サービスをする人、経済や企業の調査・分析を行う人、世界を舞台に証券の売買を行う人などがいます。性格も明るかったり、もの静かだったりと、まちまちです。どんな人でも活躍できる場がある、それがこの会社の特長です。

最近は、情報の伝達スピードが速くなり、金融業界にも科学技術の力がもとめられるようになりました。そのため、文系中心の採用から、ITを学んだ学生を積極的に採用するようになってきています。

何かに打ちこんで新しいことに挑戦する

ともにはたらきたい人の特徴をあげると、部活動であれ、趣味であれ、何かに打ちこんだ経験のある人です。みずから考え新しいことに挑戦してきた人は、活躍の場が広がります。いまからでも打ちこめるものをさがしてください。

相手のためにできることを誠実に考えぬく

お金をあつかう会社なので、正しいものは「正しい」、まちがっていることは「まちがっている」といえる誠実さも必要です。誠実に相手のために何ができるかを考えぬける人に入社してほしいですね。

若いみなさんには、金融や証券は、まだなじみがないかもしれません。しかし金融や証券は、人生で大切なお金をあつかう仕事です。いまのうちからお金に関心をもってもらえたらうれしいです。

野村ホールディングスの最大の財産は「人」です。こまったときに先輩や上司に気がねなく相談できるなど、社員どうしが助けあえる職場環境がつくられています。そのなかで、社員ひとりひとりがみずからの能力や個性を発揮しています。

仕事の種類別さくいん

会社ではたらく人のおもな仕事を、大きく10種類に分けてとりあげています。
このさくいんでは『職場体験完全ガイド』の61〜70巻［会社員編］で紹介した、すべての会社の巻数と掲載ページを調べることができます。

■取材協力

株式会社 七十七銀行

日本生命保険 相互会社

野村證券 株式会社

野村ホールディングス 株式会社

山元いちご農園株式会社

楽天Edy 株式会社

■スタッフ

編集・執筆　青木一恵
　　　　　　黒澤真紀
　　　　　　田口純子
　　　　　　前田登和子
　　　　　　吉田美穂
撮影　　　　糸井康友
　　　　　　竹内洋平
校正　　　　菅村薫
　　　　　　渡辺三千代
デザイン　　sheets-design
編集・制作　株式会社 桂樹社グループ

職場体験 完全ガイド 会社員編　　　お金にかかわる会社 **70**

七十七銀行・楽天Edy・日本生命・野村ホールディングス

発行　2020年4月　第1刷

発行者　千葉 均
編集　　柾屋 洋子
発行所　株式会社 ポプラ社
　　　　〒102-8519
　　　　東京都千代田区麹町4-2-6
　　　　電話　03-5877-8109（営業）
　　　　　　　03-5877-8113（編集）
　　　　ホームページ　www.poplar.co.jp
印刷・製本　大日本印刷株式会社

ISBN978-4-591-16546-1
N.D.C.366　47p　27cm
Printed in Japan

ポプラ社はチャイルドラインを応援しています

18さいまでの子どもがかけるでんわ
チャイルドライン®
0120-99-7777
毎日午後**4**時～午後**9**時 ※12/29～1/3はお休み 電話代はかかりません 携帯（スマホ）OK

18さいまでの子どもがかける子ども専用電話です。
困っているとき、悩んでいるとき、うれしいとき、
なんとなく誰かと話したいとき、かけてみてください。
お説教はしません。ちょっと言いにくいことでも
名前は言わなくてもいいので、安心して話してください。
あなたの気持ちを大切に、どんなことでもいっしょに考えます。

チャット相談は
こちらから

P7073070

仕事の現場に完全密着！ 取材にもとづいた臨場感と説得力!!

職場体験完全ガイド

全70巻

N.D.C.366（職業）

図書館用特別堅牢製本図書